# Des devinettes en balade!

Merci aux lectrices et aux lecteurs
du magazine J'AIME LIRE pour
leurs chouettes devinettes!

Illustrations : Christine Battuz

**Des devinettes en balade!** est publié par Bayard Canada Livres.

Ces devinettes ont déjà été publiées dans le magazine *J'aime lire*.

Nous reconnaissons l'aide financière du gouvernement du Canada par l'entremise du Fonds du livre du Canada (FLC) pour des activités de développement de notre entreprise.

Dépôt légal – Bibliothèque et Archives nationales du Québec, 2011
Bibliothèque et Archives Canada, 2011

ISBN 978-2-89579-356-4

Direction : Paule Brière
Mise en pages : Danielle Dugal
Couverture : Quatre-Quarts
Révision : Sophie Sainte-Marie

© 2011 Bayard Canada Livres inc.
4475, rue Frontenac
Montréal (Québec) H2H 2S2, Canada
Téléphone : 514 844-2111 ou 1 866 844-2111
Télécopieur : 514 278-0072
Courriel : edition@bayardcanada.com
Site Internet : www.bayardlivres.ca

Imprimé au Canada

# Différence

**Quelle est la différence entre un éléphant et un orchestre?**

L'éléphant a une trompe,
l'orchestre a une trompette.

# Qu'est-ce qu'on dit?

Le porc-épic pique,
l'otarie rit et le caniche...?

Le caniche niche.

# C'est quoi?

C'est une coq-coq-coquette
qui pousse-pousse-poussin.

La poule.

# Charade

Mon **1<sup>er</sup>** est un personnage de conte.

Mon **2<sup>e</sup>** est un meuble dans lequel on se couche.

Mon **3<sup>e</sup>** est une note de musique.

Mon **4<sup>e</sup>** est une boisson que les adultes aiment.

Mon tout, c'est dire « bravo ».

Fée-lit-si-thé = Féliciter.

## Quelle est la journée la plus amusante de l'année?

11/08

Le 11 août = on zoue = on joue!

# C'est quoi ?

**Elle peut transporter un arbre mais pas un caillou.**

L'eau.

# Comble

## Quel est le comble
## de la politesse?

S'asseoir sur son derrière
et lui demander pardon!

# Différence

## Trouve l'intrus : hippopotame, hirondelle, hippocampe, hérisson.

L'hirondelle, car c'est le seul mot féminin et le seul animal qui vole.

Que demande le bébé porc-épic quand il se cogne contre un cactus?

C'est toi, maman?

# C'est qui?

C'est l'enfant de ma mère et de mon père, mais ce n'est ni mon frère ni ma sœur.

C'est moi!

**Le-hi-bou-ni-cho-
la-pi-nich-ba-la-poul-
ne-nich-ni-ho-ni-ba.**

Le hibou niche haut, la pie niche bas, la poule ne niche ni haut ni bas.

# C'est quoi?

**La noix craque, il l'accroche,
il la cache ou il la croque.**

L'écureuil.

# Qu'est-ce qu'on dit ?

## Mon-vo-vo-vo-vo

Mon veau vaut vos veaux.

# Énigme

**Un caneton voit un étang avec un écriteau « baignade interdite ». Que fait-il ?**

Il se baigne quand même.
Les canetons ne savent pas lire !

# C'est quoi?

## Quel oiseau est toujours enrhumé?

L'oiseau-mouche.

# Charade

Mon **1<sup>er</sup>** est
une boisson.

Mon **2<sup>e</sup>** est
une boisson.

Mon **3<sup>e</sup>** est
une boisson.

Mon tout est
une boisson.

*Café-eau-lait = Café au lait.*

## Qu'est-ce qu'une mûre?

Un bleuet avec la chair de poule!

# Énigme

## De quel fruit le poisson a-t-il peur?

La pêche.

# C'est quoi?

## Quel est le poisson le plus fin?

L'aiglefin.

# Différence

## Trouve l'intrus:
## saumon, baleine,
## requin, morue.

*La baleine, car ce n'est pas un poisson,*
*c'est un mammifère marin.*

# C'est quoi?

**Il se pomponne en blanc, étire ses oreilles en grand et batifole à travers les champs.**

Le lapin.

# Qu'est-ce qu'on dit?

## Comment appelle-t-on une mère qui s'occupe de son enfant la nuit?

Une mère veille = Une merveille!

# C'est quoi?

**Les cochons habitent-ils dans une cochonnerie ou dans une porcherie?**

Dans une porcherie.

# C'est quoi?

**C'est un poisson,
mais il n'aime pas l'eau.**

Le poisson-chat.

# C'est quand?

## Quelle est la date de la fête des chats?

# 15/08

Le 15 août, car c'est la mi-août = miou!

# Qu'est-ce qu'on dit?

## Moa-ma-ma-man-mè-me-mieu

*Moi, ma maman m'aime mieux.*

# Différence

## Quelle est la différence entre une fraise et un mauvais conducteur?

Il n'y a pas de différence : les deux se ramassent dans le champ !

# C'est quoi?

## Quel est l'animal qui marche sur la tête?

Le pou!

# Énigme

## Quelle île du Pacifique porte le nom d'une fête?

L'île de Pâques.

Mon **1er** est
une note de musique.

Mon **2e** est
un connifère.

Mon tout est un petit
animal tout doux avec
de longues oreilles.

La-pin = Lapin.

# C'est quoi?

Il joue dans l'eau
toute l'année.
Il joue des tours
un jour par année.

Le poisson d'avril.

# Pourquoi?

## Pourquoi les animaux de ferme ne parlent-ils pas?

Parce que, sur la porte,
c'est écrit : « La ferme ! »

# Charade

Mon **1<sup>er</sup>** est
un animal de ferme
qui chante le matin.

Mon **2<sup>e</sup>** est
un liquide transparent
qui arrose les champs.

Mon tout est
décoré pour Pâques.

Coq-eau = Coco.

# C'est qui?

**Deux personnes marchent.
L'une est le fils de l'autre.
Mais l'autre n'est pas
le père de l'une.**

C'est la mère!

# Énigme

**Deux hommes traversent une rivière. L'un meurt, l'autre survit.**

**Après enquête, les policiers déclarent : « C'est à cause de leurs noms. »**

**Comme les hommes s'appelaient-ils ?**

M. Noyer est mort, M. Dupont a survécu !

# C'est quand?

## Quelle est la journée la plus savante de l'année?

Le 7 août = sait tout!

## Quel est le numéro
## de téléphone des poules?

444-1919 = Cot cot, cot, un oeuf!

# Différence

## Quelle est la différence entre ta mère et une théière ?

Il n'y a pas de différence :
les deux sont pleines de bonté = bon thé !

# C'est quoi?

**Il se lève, il se couche, mais il ne dort jamais.**

Le soleil.

## Quel est le jour où les mamans ne payent pas?

Le mercredi (mère-crédi).

# C'est quoi?

## Quel est le poisson
## le plus lent?

L'éperlan.

**Lé-poi-ne-son-ni-poi-son-ni-poi-zon.**

Les pois ne sont ni poisson ni poison.

# C'est quoi?

**Quel animal a les mêmes lettres dans son nom et dans sa maison?**

Le chien (et sa niche).

45

**La-mer-du-mer-
etta-mer-ala-mer.**

La mère du maire est amère à la mer.

# C'est quoi?

## Quel est le jouet préféré des canards?

Le coin-coin.

# Qu'est-ce qu'on dit?

**Ma-ma-man-el-lap-lu-bel.**

Ma maman est la plus belle!

# C'est quoi?

## Qu'est-ce qui est noir, blanc et rouge?

Un zèbre qui a attrapé un coup de soleil !

# Pourquoi?

## Pourquoi les flamants roses se tiennent-ils sur une seule patte?

Parce qu'ils tombent s'ils lèvent les deux!

# Charade

Mon **1**er réveille le monde.

Mon **2**e coupe le bois.

Mon **3**e est une lettre.

Mon **4**e sert à voler.

Mon tout est un insecte.

Coq-scie-n-aile = Coccinelle.

# C'est quoi?

**Quel est le poisson
que les chats ne mangent
qu'à moitié?**

Le poisson-chat.

# Charade

Mon **1<sup>er</sup>** a mangé
le Petit Chaperon rouge.

Mon **2<sup>e</sup>** se fait
en soufflant ses bougies.

Mon **3<sup>e</sup>** se
passe le matin.

Mon tout est
le petit de mon 1<sup>er</sup>.

Loup-vœu-tôt = Louveteau.

# Qu'est-ce qu'on dit?

**Que dit une poule
quand elle fait:
« Pocpoc pocok! »**

Elle dit qu'elle n'est pas un coq!

# Charade

Mon **1er** est
le meuble où on dort.

Mon **2e** est
une note de musique.

Mon tout est
une couleur rosée
ou une fleur parfumée
du mois de mai.

Li+la = Lilas.

# C'est quoi?

**Elle va sur ta tête
et sous tes pieds, mais
ne couvre pas ton corps.**

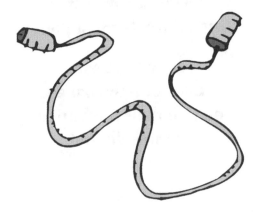

La corde à danser.

# Pourquoi?

## Pourquoi les souris n'aiment-elles pas les devinettes?

Parce qu'elles ont peur
de donner leur langue au chat!

# C'est quoi?

## Quel animal
## en regroupe quatre?

Cerf-paon-pie-thon = serpent python

# Charade

Mon **1<sup>er</sup>** est
une lettre de l'alphabet.

Mon **2<sup>e</sup>** est
la maison des oiseaux.

Mon **3<sup>e</sup>** est
le contraire du bien.

Mon tout est
un être vivant.

A-nid-mal = Animal.

# C'est quand?

## Quelle est la journée la plus rapide de l'année?

# 04/08

Le 4 août = 4 roues!

# Différence

**Quelle est la différence entre un arbre et un citron?**

L'arbre n'a qu'un seul tronc!

# C'est quoi?

**C'est un fruit rond, juteux, acidulé et bleu.**

Une orange qui reflète sa respiration!

# Différence

## Quelle est la différence entre un avion et un suçon?

Le suçon colle et l'avion décolle!

# C'est quoi?

## Qu'est-ce qui est vert et qui saute?

Un brocoli sur un trampoline!

# Charade

Mon **1$^{er}$** chante le matin.

Mon **2$^{e}$** est
la 9$^{e}$ lettre de l'alphabet.

Mon **3$^{e}$** change
tous les ans.

On trouve mon tout
sur la plage.

*Coq-i-âge = Coquillage.*

# Comble

## Quel est le comble pour un médecin?

Examiner un crayon pour voir s'il a bonne mine!

# C'est quoi?

## Quel est le nom du bateau qui vole?

Le bateau-mouche.

# Différence

**Trouve l'intrus :
bicyclette, lapin,
cheval, carrosse.**

Le lapin, car il n'est pas
un moyen de transport.

# Charade

Mon **1er** est
le contraire de haut.

Mon **2e** est
le contraire de vite.

Mon **3e** est
le contraire de matin.

Mon tout est
synonyme de plaisir !

Bas-lent-soir = Balançoire.

# Comble

## Quels sont les trois combles pour un boucher?

Avoir un caractère de cochon, suer comme
un bœuf et pleurer comme un veau!

## Comment fait-on sortir un lapin de son terrier ?

On imite le cri de la carotte !

# Charade

Mon **1er** est placé au doigt des mariés.

Mon **2e** est un jeu qui se joue avec une boule.

Mon tout est une fleur jaune.

Jonc-quilles = Jonquille.

# C'est quoi?

**Qu'est-ce qui est orange et blanc, qui adore nager et faire des blagues?**

Un poisson-clown!

# Pourquoi?

## Pourquoi les poissons-chats s'ennuient-ils?

Parce qu'il n'y a pas de poisson-souris!

# Charade

Mon **1$^{er}$** est
un petit légume vert.

Mon **2$^{e}$** est
le verbe être au présent,
à la 3$^{e}$ personne du pluriel.

Mon **3$^{e}$** est
la 4$^{e}$ lettre de l'alphabet.

Mon **4$^{e}$** est
un mois de l'année.

**Mon tout est le poisson
le plus connu au monde.**

Pois-sont-d-avril = Poisson d'avril.

## Trouve l'intrus :
## rose, marguerite,
## perce-neige, capucine.

Le perce-neige, car ce n'est ni
une fleur d'été, ni un prénom de fille.

## Que dit un ourson quand il frappe un tronc d'arbre?

C'est toi, papa?

# Charade

Mon **1**er est
au milieu du visage.

Mon **2**e est déshabillé.

Mon **3**e guide
les bateaux.

Mon tout est
une plante aquatique.

*Nez-nu-phare = Nénuphar.*

# C'est qui?

**Comment s'appelle
le champion du monde
de ski nautique
acrobatique?**

Pierre Plouffe!

# Énigme

**Par qui les hommes
ont-il peur d'être mangés?**

Par les croque-monsieur!

# Charade

Mon **1$^{er}$** est un oiseau
qui aime les objets brillants.

Le chat remue mon **2$^e$**
quand il n'est pas content.

Les oiseaux
habitent dans mon **3$^e$**.

Le chien remue mon **4$^e$**
quand il est content.

Mon tout est
un repas sur l'herbe.

Pie-queue-nid-queue = Pique-nique.

## Pourquoi les poules ne sortent-elles pas sous la pluie?

Pour ne pas se faire traiter de poules mouillées!

# Comble

**Quel est le comble
pour un coq ?**

C'est d'avoir la chair de poule !

# C'est quoi?

## Quel animal a la moins bonne vue?

Le hibou, car il dit toujours : « Où? Où? »

## Sais-tu que les girafes n'existent pas?

C'est un coup monté = cou monté!

## Pourquoi ne faut-il pas manger trop de poissons-scies?

Parce qu'ils coupent l'appétit.

# C'est qui?

## La mère de Paul a trois enfants: Tic, Tac et...?

*Non, ce n'est pas Toc. C'est Paul, bien sûr!*

## Comment l'agneau appelle-t-il sa mère : maman ou brebis?

Il l'appelle « Bêêê »,
car il ne parle pas français !

# C'est quand?

## Quelle est la journée la plus payante de l'année?

# 10/08

Le 10 août = 10 sous!

# C'est quoi?

**Quel est le dessert préféré des lapins?**

Le gâteau aux carottes.

# Différence

**Quelle différence y a-t-il entre deux jumelles identiques?**

Leurs prénoms!

# Charade

Mon **1<sup>er</sup>** a
une baguette.

Mon **2<sup>e</sup>** est
une note de musique.

Mon **3<sup>e</sup>** est petit.

Mon tout n'est
pas masculin.

# C'est quoi?

**Comment s'appelle
le père des oiseaux?**

Hic!

Le perroquet = père hoquet!

# Charade

Mon **1<sup>er</sup>** est
une note de musique.

Mon **2<sup>e</sup>** n'est
pas méchant.

Mon tout est
un mammifère marin
très sympathique.

Do-fin = dauphin.

# Pourquoi?

## Pourquoi les abeilles ne piquent jamais les policiers?

Parce que piquer, c'est voler!

**Quel mammifère marin
dit toujours la vérité?**

La baleine franche.

# Charade

Mon **1er** est
un petit légume vert.

Mon **2e** est
une petite céréale brune.

Mon tout est
un animal aquatique.

Pois-son = Poisson.

# C'est quoi?

**Qu'est-ce qui est tout jaune
et qui fait « crac-crac »?**

Un poussin qui mange des chips!

# Charade

Mon **1<sup>er</sup>** vit
sur la tête des gens.

Mon **2<sup>e</sup>** est
un déterminant masculin.

Mon tout est un animal
de la basse-cour.

Pou-le = Poule.

# C'est quand?

## Quelle est la journée la plus folle de l'année?

09/08

Le 9 août = 9 fous!

# C'est quoi?

## Quel chiffre est le même à l'endroit et à l'envers?

Le huit

## Pourquoi les triangles ont-ils trois côtés?

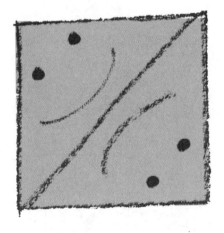

Parce que, s'ils en avaient quatre, ils seraient des carrés!

# Qu'est-ce qu'on dit?

## Comment appelle-t-on un chat noir?

« Minou, minou, minou ! »

# Charade

Mon **1ᵉʳ** peut être masqué.

Mon **2ᵉ** dure 365 jours.

Mon **3ᵉ** n'est ni le jour, ni la nuit.

On trouve mon tout dans les parcs.

Bal-an-soir = Balançoire.

# Comble

## Quel est le comble des combles?

C'est qu'un muet dise à un sourd qu'un aveugle lit par-dessus son épaule.

Abonnez votre enfant à **J'AIME LIRE** !